Wolf D. Pecher

DER KARLSGRABEN

Wer grub ihn wirklich?

Eine Streitschrift

wek-Verlag
Treuchtlingen-Berlin

Der Kunsthistoriker **Wolf D. Pecher** lebt in München und Dollnstein. Mit dem Karlsgraben beschäftigt er sich seit 1983.

Bibliografische Information der Deutschen Nationalbibliothek
Die Deutsche Nationalbibliothek verzeichnet diese Publikation in der Deutschen Nationalbibliografie; detaillierte bibliografische Daten sind im Internet über http://dnb.d-nb.de abrufbar.

3. ergänzte Auflage

Layout, Gestaltung und Prepress: Verlag Walter E. Keller
Abbildungsnachweis:
Titel Stadtarchiv Würzburg, S. 20 Bayer. Landesvermessungsamt (Genehm.-Nr.11/75), S. 21 Keller
Digitaldruck: SDL, Berlin
Printed in Germany

ISBN 978-3-934145-44-3

Inhalt

Ein historisches Quiz

Jeder wusste, was gemeint war, wenn vom dümmsten Bauwerk seit dem Turmbau von Babel die Rede war. Hier soll jedoch nicht darüber gerechtet werden, ob der Main-Donau-Kanal diese Einstufung verdient oder nicht.

Vielmehr soll darauf hingewiesen werden, dass die Vorgeschichte dieses Jahrhundertbauwerks offenbar ebenso vertrackt ist. Sie reicht bekanntlich über den Ludwig-Donau-Main-Kanal bis zu jenem sagenhaften Kanal, mit dem schon König Karl vor 1200 Jahren die Verbindung von Main und Donau betrieben haben soll. Ein solcher Versuch fand zwischen Treuchtlingen und Weißenburg statt, soviel ist wohl gewiss. Dort sind auch heute noch gewaltige Erdwälle zu sehen. Auf allen offiziellen Landkarten werden sie als „Fossa Carolina – Karlsgraben" bezeichnet, und eine Informationstafel an den Wällen rühmte lange Zeit diesen „Karlsgraben" als „eine der größten Ingenieurleistungen des frühen Mittelalters". Die neueren Informationsstelen sprechen vom „größten technikgeschichtlichen Denkmal des frühen Mittelalters".

Bei einer genaueren Beschäftigung mit diesem Bauwerk drängen sich freilich schnell Zweifel auf an der Richtigkeit der üblichen Erklärungen. Erstaunlicherweise begannen erst kurz vor dem Jubiläumsjahr 1993 bescheidene Aktivitäten, dieses mysteriöse Bauwerk mit den Mitteln der modernen Archäologie genau zu untersuchen. Bisher begnügten sich alle „Fachleute" mit der Auswertung von ein paar Zeilen in den sogenannten Reichsannalen, die sie am Schreibtisch zu phantasievollen oder gar fantastischen Erklärungen ausspannen. Zwar wird mit viel Fleiß jedes Hünenbein aus jedem Hünengrab geklaubt, aber bei „einer der größten Ingenieurleistungen" ist solche Akribie offenbar nicht nötig. Sie würde sich aber sicher lohnen – sei es, um die sehr vagen Angaben in den alten Quellen zu bestätigen, sei es aber auch, um zu ganz neuen Erkenntnissen über die Bauherren dieses ersten Main-Donau-Kanals zu kommen.

Dazu möchte diese Studie die Fachleute anregen. Aber auch dazu, das Nachdenken nicht nur den Experten zu überlassen. Wenn der Laie Schliemann den Wissenschaftlern geglaubt hätte, wäre Troja heute noch nicht ausgegraben. Diese Studie ist gewissermaßen ein historisches Quiz. Die Frage lautet: Wer hat wann diesen Kanalbau versucht? Die Antwort ist noch nicht gefunden.

Ein Dorf namens Graben

Etwa 60 Kilometer südlich von Nürnberg, zwischen Weißenburg und Treuchtlingen, gibt es einen kleinen Ort namens Graben. Er liegt im Altmühltal, das hier am Oberlauf des stillen, schmalen Flusses noch weit und geräumig ist. Sanfte, bewaldete Hügel grenzen die sattgrüne, mitunter sumpfige Talebene ein: im Süden der Patrichberg (590 Meter hoch), im Osten der Nagelberg (540 Meter) und im Norden eine sanfte Geländestufe von 460 Metern. Zwischen ihnen hat sich die Altmühl 408 Meter über Meereshöhe ihr bequemes Bett gesucht. Sie macht dabei einen deutlichen Knick von Nordwesten kommend nach Süden. An diesem Wendepunkt liegt das Dorf Graben, 500 Meter nordöstlich einer Fluss-Schleife, die bei der Altmühlregulierung zu Beginn des vergangenen Jahrhunderts abgeschnitten wurde.
Nördlich von Graben öffnet sich eine weite, grüne Ebene nach Nordosten, die lediglich von einem sehr schmalen Bächlein mit mehreren noch schmaleren Rinnsalen als Zuflüssen entwässert wird. Schwäbische Rezat heißt dieses Bächlein, das genau nach Norden fließt und sich nach 25 Kilometern mit der ebenso schmalen Fränkischen Rezat zu dem bescheidenen Flüsschen Rednitz vereint. Nach knapp 40 Kilometern fließt diese Rednitz mit der Pegnitz zusammen und strebt nun als Regnitz weiter nach Norden, zum Main.
Das sind in etwa die landschaftlichen Gegebenheiten. Die geografische Besonderheit besteht darin, dass dies eine der Wasserscheiden zwischen Nordsee und Schwarzem Meer ist, denn die Rezat fließt ja über den Main in den Rhein und die Altmühl in die Donau. Die beiden Fluss-Systeme kommen sich an diesem Punkt ganz besonders nahe. Wenn man den feinsten Verästelungen der Schwäbischen Rezat nachgeht, nähern sich Altmühl und Rezat auf etwa einen Kilometer. Und der Höhenunterschied beträgt nur zwölf Meter.

Die etwa 30 Häuser und Höfe des alten Ortskerns von Graben gruppieren sich locker entlang einer Art Dorfanger, der am Nordrand des Dorfes in einem Weiher endet. Dieser setzt sich nach Norden trichterartig fort. Beide Seiten dieses Trichters werden eingefasst von hohen Erdwällen, die noch imposanter wirken durch die prächtigen alten Bäume, die auf ihnen sichtlich gut gedeihen und ihre Kronen über dem Wasser ausbreiten. Knapp einen halben Kilometer weit reicht der Blick durch diesen grünen Dom bis zu einer Biegung des Trichters. Dort hinten steht kein Wasser mehr zwischen den Wällen: Gebüsch und Gestrüpp füllen die flacher werdende Sohle aus, in deren Mitte ein kaum sichtbares Rinnsal fließt. Hinter der Biegung werden auch die Erdwälle niedriger, um schließlich sanft in der Landschaft zu enden. Diese merkwürdige Biegung des Grabens erinnert auf der Karte und aus der Luft an die Form eines Bumerangs.
Die Außenseiten der beiden Erdwälle erheben sich klar aus dem ebenen Umland, ganz besonders deutlich im unteren Drittel des Grabens, wo die Wälle über sechs Meter hoch sind. Keine andere Erklärung ist möglich: Die Wälle entstanden durch Aushub aus dem Trichter, dem Graben. Menschenwerk also, das dem Ort schon vor tausend Jahren seinen Namen gab: Graben. Eine Tafel am Weiher gab viele Jahre Auskunft darüber, was es mit dem Graben auf sich hat:
„Der Karlsgraben ist der letzte sichtbare Rest einer der größten Ingenieurleistungen des frühen Mittelalters. Kaiser Karl der Große wollte hier im Herbst des Jahres 793 durch einen schiffbaren Kanal zwischen der Altmühl und der Rezat den Rhein mit der Donau und damit die Nordsee mit dem Schwarzen Meer verbinden. Zielsicher wurde die Stelle ausgewählt, an der sich die beiden Stromsysteme auf knapp 1800 Meter nahekommen und der höchste Punkt der Wasserscheide nur zehn Meter über der Altmühl liegt. Für den bis zu 30 Meter breiten Kanal musste folglich ein Graben von zehn Metern Tiefe und etwa 1500 Metern Länge ausgehoben werden. Das Erdmaterial wurde seitlich zu hohen Wällen aufgeschüttet. Dieses für die damalige Zeit kühne Vorhaben konnte jedoch nie vollendet werden. Bedingt durch ungünstige geologischen Verhältnisse und unge-

heuere Regenfälle, stürzten die am Tage von rund 6000 Schanzarbeitern angehäuften Erdmassen nachts wieder zusammen..."
Es hat also reichlich geregnet damals: Aber offenbar nur nachts. Tagsüber wurde fleißig geschaufelt. Wenn man die mächtigen Wälle betrachtet, muss man anerkennen, dass trotz des Regens eine ganze Menge Erde oben blieb. Und offensichtlich hat es seit dem Jahr 793 in dieser Gegend nie mehr kräftig geregnet, sonst hätte der Regen doch längst alle Erde in den Graben zurückgespült. 1200 Jahre hatte er immerhin Zeit dazu. Diese Begründung für den Misserfolg des Unternehmens vermag also nicht zu überzeugen.
Und außerdem: Der Graben wurde offensichtlich genau bis zu dem heute noch sichtbaren Ende der Erdwälle ausgehoben. Allenfalls ein paar Meter weiter, wenn man davon ausgeht, dass die Dorfbewohner sich von hier den Sand holten, den sie in den tausend Jahren brauchten. Danach, im Bereich des flachen Dorfangers, in Richtung Altmühl also, sind keinerlei Spuren irgendwelcher größeren Erdarbeiten mehr zu sehen. Also waren die Erdarbeiten doch offenkundig erfolgreich. Sie wurden zwar wahrscheinlich abgebrochen, bevor das geplante Werk vollendet war, aber bis zu dieser Einstellung waren sie auf keinen Fall ein Misserfolg, sondern wurden ganz im Gegenteil so vorzüglich ausgeführt, dass die Wände dieses „Kanals" noch nach 1200 Jahren ohne irgendwelche Wartungsarbeiten erhalten sind.
Eigentlich ist dieser Sachverhalt für jeden Betrachter des Grabens offenkundig. Freilich: Wäre dieser „größten Ingenieurleistung des frühen Mittelalters" nicht eine fundiertere Erklärung angemessen gewesen? Wer sich mit dem Tafeltext nicht zufrieden geben wollte, musste schnell feststellen, dass dieser Text durchaus auf der Höhe der „Forschung" war. Die noch immer gültige umfangreichste Publikation über den Graben stammt keineswegs von einem Heimatforscher, sondern von einem echten Universitätsprofessor – von Dr. Hanns Hubert Hofmann, Professor für Neuere und Landesgeschichte an der Universität Würzburg. Der Titel seines Buches: „Kaiser Karls Kanalbau". Dieses Buch soll später einer kritischen Würdigung unterzogen werden.

Die Überlieferung

Über den „Karlsgraben" ist durch die Jahrhunderte immer wieder in Chroniken und historischen Werken beiläufig berichtet worden. Alle diese Berichte gehen zurück auf eine Notiz in den sogenannten Reichsannalen, der einzigen zeitgenössischen Quelle. Der Text in diesen Jahrbüchern lautet für das Jahr 793:
„Im Herbst kam der König zu Schiff von Regensburg zu dem großen Graben zwischen Altmühl und Radantia, und dort fanden sich Boten des Papstes mit großen Geschenken ein. Dort meldete ein Bote, die Sachsen hätten wiederum ihr Wort gebrochen. Von hier fuhr er auf der Rednitz zu Schiff in den Main und feierte Weihnachten beim heiligen Kilian in Würzburg. Und die Jahreszahl änderte sich in 794." (Zitiert nach R. Rau, Quellen zur karolingischen Reichsgeschichte)
Ähnlich berichten die Annales Mosellani, ein anderes Exemplar der Jahrbücher – jedoch mit der Jahresangabe 792:
„Nachdem König Karl in der erwähnten Stadt (Regensburg) das Weihnachtsfest gefeiert hatte, residierte er auch fast das ganze folgende Jahr hier, bis er sich im Herbst zu diesem Aquädukt begab, den er zwischen der Donau und dem Flüsschen Radantia beginnen ließ, und er verbrachte fast den gesamten Rest des Jahres dort. Von hier aus begab er sich wenige Tage vor Weihnachten nach Sankt Kilian und ließ das angefangene Werk unvollendet zurück." (Zitiert nach F. Beck, Der Karlsgraben)
Am ausführlichsten wird über dieses Projekt in einem dritten, freilich schon kaum mehr zeitgenössischen Exemplar der Reichsannalen berichtet, in der Handschrift Vindobonensis 510. Dort heißt es:
„Nun war er (der König) von einigen, die sich für Sachverständige hielten, überzeugt worden, dass man ganz bequem von der Donau bis zum Rhein mit dem Schiff fahren könne, wenn man zwischen Radantia (Rednitz) und Alomona (=Alcmona, Altmühl) einen Graben zöge, der groß genug sei, um Schiffe aufzunehmen. Denn der eine dieser Flüsse münde in die Donau, der andere in den Main. Sogleich brach er mit seinem ganzen Gefolge zu diesem Ort auf, ließ eine große Menge Menschen zusammenziehen und den ganzen Herbst an diesem Pro-

jekt arbeiten. Zwischen den genannten Flüssen wurde ein Graben von 2000 Schritt Länge und 300 Fuß Breite ausgehoben; aber vergebens. Denn wegen anhaltender Regenfälle und wegen des sumpfigen Erdreichs, das schon von Natur aus zu nass war, konnte das begonnene Werk nicht vollendet werden. Was tagsüber von den Grabenden herausgeschafft worden war, wurde nachts wieder in die Gräben zurückgeschwemmt. Mit diesen Arbeiten beschäftigt, trafen aus zwei verschiedenen Ländern Hiobsbotschaften ein: Die eine meldete den Aufstand der Sachsen, die andere den Einfall der Sarazenen in Septimanien, wo sie den Grenztruppen und Grafen eine empfindliche Niederlage beibrachten, viele Franken erschlugen und siegreich in ihr Gebiet zurückkehrten. Diese Ereignisse bewogen ihn, nach Francien zurückzukehren; er feierte Weihnachten zu Sankt Kilian am Main, Ostern am gleichen Fluss auf dem Hofgut Frankfurt, wo er auch überwintert hatte." (Zitiert nach dem Originaltext)

Von diesem Zeitpunkt an finden sich Berichte über dieses Unternehmen in zahlreichen Chroniken, die jedoch alle aus den Reichsannalen schöpfen und immer detailreicher werden, je weiter der jeweilige Chronist vom Zeitalter Karls entfernt ist.

Hundert Jahre später kann der Poeta Saxo schon berichten, dass der Kaiser viele tausend Arbeiter anwerben ließ. Im 12. Jahrhundert weiß der Verfasser des Auctuarium Annalium Salisburgensium sogar, wer am Graben gegraben hat: Awaren, Franken und Schwaben. 1593 kannte der Historiker Lindenbruch dann schon die genaue Zahl der Arbeiter: 30 000 waren es. Auch die Kenntnis, warum das Projekt scheiterte, wurde von Jahrhundert zu Jahrhundert genauer. War in den Reichsannalen noch der Regen schuld, berichtet der Verfasser der schon zitierten Salzburger Annalen, dass nachts Geisterstimmen zu hören waren, die die Arbeiter vergraulten. Und der bayerische Geschichtenerzähler Aventin berichtet im 16. Jahrhundert von Lebensmittelmangel, der die Einstellung der Arbeiten erzwang.

Andere Chronisten versichern ganz im Gegenteil, dass der Kanal vollendet und von Karl auch benutzt wurde: „Der Herr König Karl fuhr durch den Graben des Altmühlflusses" heißt es zum Beispiel in den Annales Maximiniani. J. A. Buchner berich-

tet 1821 gar: „Der Kaiser genoss das Vergnügen einer Schiffahrt bis zum Dorf Gestad auf der Altmühl, von Gestad bis Weißenburg auf dem Kanal, von Weißenburg bis Georgensgmünd auf der Rezat." (Reisen auf der Teufelsmauer)
Der schon erwähnte Gymnasiallehrer Friedrich Beck hat viele oder gar alle dieser Quellen in einer immensen Fleißarbeit in dem bereits genannten Buch „Der Karlsgraben" (erschienen 1911 in Nürnberg) zusammengetragen. Ganz unabhängig vom Thema Karlsgraben bietet diese Quellensammlung lehrreiches Anschauungsmaterial zur Glaubwürdigkeit alter Chroniken. Auf den Karlsgraben bezogen stellt sich die Frage, ob nur nachweislich falsche Chroniken unglaubwürdig sind, und wie weit man Chroniken Glauben schenken will und darf, von denen nur eines sicher ist: dass sie nicht nachweislich falsch sind. Doch zuerst einige Erläuterungen zu den Reichsannalen.

Die Reichsannalen

Mit der Deutung und Erläuterung der Reichsannalen haben sich seit 150 Jahren ganze Generationen von Fachgelehrten ernährt. Einig wurden sie sich nie, weder über die Entstehungsorte, noch über die Autoren. Reinhold Rau, der Bearbeiter der Reichsannalen, schreibt in seinen „Quellen zur karolingischen Reichsgeschichte" (Berlin 1956): „Die Annales regni Francorum umspannen den Zeitraum vom Tod Karl Martells 741 bis zum Jahr 829. Ihre Entstehungsgeschichte ist ein Problem, dessen Lösung vielfach versucht worden ist, doch ist sehr wenig Übereinstimmung erzielt worden."
Rau nimmt an, dass die Reichsannalen (oder Annales regni Francorum – Jahrbücher des Königreichs der Franken – wie der Historiker Leopold Ranke sie nannte) aus verschiedenen selbstständigen kleinen Chroniken entstanden, die dann zusammengezogen und überarbeitet wurden. Wann dies geschah und durch wen, weiß man nicht. Jedenfalls sind alle bekannten Handschriften unvollständig, teilweise verschollen, und auch die überkommenen nur in ihrer spätesten Form erhalten.

Fest steht wohl nur, dass schon zur Herrschaftszeit Pippins des Kleinen (Karls Vater) mit solchen Aufzeichnungen begonnen wurde. Bekannt sind allerdings nur spätere Bearbeitungen. R. Rau schreibt: „Dass die Reichsannalen nicht gleichzeitig Jahr um Jahr verfasst worden sind, wird nicht mehr bestritten. Es ist vielmehr fast allgemein anerkannt, dass ein unbekannter Mann zwischen 788 und 793 unter Benützung älterer Annalenwerke den ersten Teil abgefasst und dann diese Aufzeichnungen mit den Ereignissen fortgesetzt hat."

Erhalten sind jedenfalls an die 20 Exemplare der Reichsannalen, die von den Fachgelehrten in fünf Gruppen eingeteilt wurden. Die Gruppen A bis D stimmen im großen und ganzen überein. „Die Handschriften der Klasse E bringen die Reichsannalen in einer stark überarbeiteten Gestalt," schreibt Rau und fügt hinzu: „Der Verfasser hat sich nicht mit einer sprachlichen Glättung des alten Textes begnügt, sondern aus anderen Quellen, oft auch ohne solche aus einer andern Auffassung der Geschehnisse heraus, Dinge berichtet, die in andern Annalen fehlen. Nicht selten hat er auch im Bemühen um eine Herstellung innerer Zusammenhänge durch Kombination ersetzt, was ihm an Wissen fehlte." Und: „Es ist im übrigen erwiesen, dass diese Bearbeitung erst nach Karls des Großen Tod erfolgte." Karl starb 814. Eben dieser Gruppe gehört die im vorigen Kapitel zitierte Wiener Handschrift an (die über den Dauerregen berichtet).

Man wird also bei der Bewertung des Inhalts zwischen den Annalen der Gruppen A bis D und der Gruppe E unterscheiden müssen. Das heißt: Die kargen Aussagen der Annalen A bis D müssen Wort für Wort sorgfältig geprüft werden. Bei den gefälligen und detailreichen Wiener E-Annalen hingegen besteht die Gefahr, dass die buchstabengenaue, unkritische Übernahme dieses Textes von den Tatsachen womöglich eher wegführt, anstatt sie zu erhärten.

Wohin eine vorbehaltlose Gutgläubigkeit gegenüber diesem Text führt, soll an der Theorie demonstriert werden, die der schon erwähnte Historiker H. H. Hofmann über den Graben entwickelt hat.

Hofmanns Erzählungen

Die Studie des Würzburger Professors Hanns Hubert Hofmann erschien erstmals 1965 in dem umfangreichen Katalog zur Europarat-Ausstellung „Karl der Große – Lebenswerk und Nachleben", 1969 in überarbeiteter, erweiterter Fassung unter dem schon erwähnten Titel „Kaiser Karls Kanalbau" (2. Auflage 1976). Bis heute hat diese Arbeit über den „Karlsgraben" erstaunlicherweise noch keinen energischen Widerspruch geweckt. Anlass dazu bieten die eigenwilligen Ausführungen dieses Historikers jedoch an vielen Stellen. Es würde den Rahmen dieser Studie sprengen, im einzelnen darauf einzugehen. Weil Hofmanns Erzählungen aber noch immer unbestritten als Stand der Forschung über den Karlsgraben gelten, sollen hier wenigstens einige Zitate erörtert werden. Hofmann schreibt zum Beispiel:

„Technisch auch nach heutigen Begriffen vollkommen richtig hatte man zunächst einen schmalen Entwässerungsgraben vom tiefstgelegenen Teil des Geländes, nämlich von der Altmühlseite her, vorgetrieben, der später voll ausgebaut werden konnte, zugleich begann man mit gewaltigem Arbeitseinsatz vom Scheitel des Sattels her den Einschnitt in der vollen, in der Abböschung auch nach moderner Auffassung fast richtigen Breite. Dies hätte genügt, das künstliche Bett bis unter den Altmühlspiegel abzutiefen und so von Westen her einen Rückstau bis hinter die Wasserscheide zu bewirken."

Als Hofmann dies 1965 schrieb, waren ihm die Vermessungen des Bayerischen Landesamtes für Denkmalpflege von 1956 und die daraus abgeleiteten Folgerungen des Münchner Historikers Klaus Schwarz bekannt, der ausdrücklich darauf hinweist, dass kein Rückstau der Altmühl möglich gewesen wäre. Schwarz schreibt in seiner Studie: „Die beim Bau erreichte größte Kanaltiefe liegt damit 2 m über dem mittleren Altmühlspiegel südwestlich der Ortschaft Graben und etwa 3 bis 4 m zu hoch, um den für einen Bootsverkehr erforderlichen Wasserrückstau gewinnen zu können." Warum Hofmann auf diesen wichtigen Hinweis nicht eingeht, ist wohl nur damit zu erklären, dass er ihm nicht ins Konzept passte. Jedenfalls soll hier auf diese Be-

obachtung ausdrücklich hingewiesen werden, denn sie wird später noch eine Rolle spielen.
Doch nun zum Kernstück von Hofmanns Erzählungen: „Keiner der vielen Autoren hat, soweit ich sehe, ernsthaft berechnet, welcher Arbeitsaufwand dafür notwenig war ... Dabei bietet jedoch dieser Kanalbau eine geradezu einzigartige Möglichkeit, die Zahl der dabei eingesetzten Arbeitskräfte zu errechnen. Während sonst nämlich bei vor- und frühgeschichtlichen Bauwerken wohl die Arbeitsleistung (Erdbewegung) eingeschätzt werden kann, nicht aber – oder durch Datierung der Holzspuren nur in großen Zeiträumen – die Arbeitsdauer, ist hier der Zeitaufwand ziemlich genau bekannt. Die aus Erdbewegung und Arbeitsdauer resultierende Zahl der eingesetzten Menschen aber ist somit weit konkreter als die stets umstrittenen Zahlenangaben der zeitgenössischen Annalistik.
Nimmt man nach den neuen Aufmessungen, die auf einer Länge von 1230 m die alte Grabensohle 3 bis 5 m unter der heutigen versandeten zeigen, auch nur den damaligen Aushub eines 1400 m langen und 30 m breiten Grabens von 6 m mittlerer Sohlentiefe an, so ergibt das 126 000 cbm + (mindestens rund) 4000 cbm Aufschlag = 130 000 cbm Grabenaushub. Multipliziert man diesen mit (mindestens) sechsmaligem Umsetzen auf Bermen (Schaufelbühnen), so ergeben sich 780 000 cbm Erdbewegung. Bei 0,3 cbm Stundenarbeitsleistung pro Mann kommt man also auf 2,6 Millionen Arbeitsstunden = 260 000 Arbeitstage zu 10 Stunden. An wieviel Tagen wurde nun gearbeitet? Vor Anfang September dürfte üblicherweise nicht von 'Herbst' gesprochen werden. Mitte Dezember brach man spätestens ab. Dies ergäbe zehn Wochen, in denen zehn Sonntage und fast ebenso viele Feiertage liegen, die in dieser Zeit zweifellos geheiligt wurden, was auch für etwa eingesetzte heidnische (awarische u.a.) – zwangsgetaufte – Kriegsgefangene gelten darf. Mehr als 55 Arbeitstage können also keineswegs angenommen werden. Auch der zehnstündige Arbeitstag ist im Dezember kaum mehr denkbar. Hieraus lässt sich also jetzt der erforderliche Einsatz von 4700 Mann errechnen (1400 x 30 x 6/2 = 126 000 + 4000 = 130 000 x 6 = 780 000 : 0,3 = 2 600 000 : 10 = 260 000 : 55 = 4727), der angesichts der bekannten Boden- und Wetterbedingungen und

der bisher gebrauchten Minimalansätze für den Arbeitsaufwand wenigstens um ein Viertel höher veranschlagt werden sollte. Demnach mussten allein für die Erdbewegung etwa 6000 Schanzarbeiter eingesetzt werden.
Als weitere Arbeitsleistungen mussten ja noch das (wohl durch Abbrennen erleichterte) Roden von Wald und Buschwerk, das Zurichten von Pfählen, Bohlen, Faschinen und ähnlichem Damm- und Baumaterial, der Bau und Unterhalt von Knüppeldämmen und Materialwegen, die Anlage wenn auch primitiver Unterkünfte, das Beschaffen von Nutz- und Brennholz, das Zuführen von Versorgungsgut und endlich noch das mit verschiedenen Vorbereitungen verbundene Umsetzen der Flussboote und ihrer Ladung auf der Schleif- oder Tragstrecke bewältigt werden. Personell waren also noch Schmiede, Wagner und andere Handwerker für Herstellung und Wartung allen Geräts, Versorgungspersonal (Bäcker, Schlächter, Köche und deren Hilfskräfte) für die Arbeiter, Treiber für die Zugtiere, Transportmannschaften für den Nachschub und ein Mindestmaß an Wachen zu stellen. Denn eine so große Menschenmenge erfordert bei angestrengtem Arbeitseinsatz auch unter einfachsten Lebensbedingungen eine nicht geringe Zahl von Versorgungspersonal – und Massen von Versorgungsgut. Woher diese für mittelalterliche Begriffe ungeheure Menschenmenge kam, deren Aufgebot, Zuführung und Einsatzlenkung gleichfalls eine beachtliche Arbeits- und Organisationsleistung bedeutete, geben die zeitgenössischen Quellen nicht an."
In die Buchfassung nahm Hofmann einen Aspekt auf, den er bei seinem ersten Text offenbar vergessen hatte, einen sehr wichtigen Aspekt: „Aus der Anhäufung einer solchen Menschenmenge im engsten Umkreis der Baustelle – weitere Anmarschwege hätten ja die Arbeitszeit gemindert und somit notwendig wieder größere Einsatzzahlen bedingt – ergibt sich eine weitere Überlegung: In die Abfallgruben dieser ausgedehnten Lager mit ihren Küchen und Werkstätten müssten eigentlich haufenweise Knochen, Scherben, zerbrochenes Gerät und ähnlicher Zivilisationsmüll geworfen worden sein. Die Spatenarbeit der Archäologie könnte hier manche Aufschlüsse bringen.

In weit höherem Maße aber muss dies für das oder die noch unbekannten Reihengräberfelder gelten. Nach Meinung von Ärzten und Sanitätsoffizieren ist nämlich bei einer solchen zehnwöchigen Ballung von Menschen unter harten Arbeits-, schlechten Ernährungs-, miserablen Wetter- und primitiven Unterkunftsbedingungen mit einer Sterbequote von mindestens 5, ohne weiteres aber 10 bis 15 Prozent zu rechnen. Das bedeutet nach den insgesamt noch zu errechnenden Zahlen also 400 bis 800 Tote, die doch ebenfalls in unmittelbarer Nähe der Baustelle ordentlich bestattet worden sind, nach der Sitte der Zeit also in Feldern von Reihengräbern.“ Und eben solche Siedlungsspuren und Gräber wurden bisher nicht gefunden.

Aber nun zum Höhepunkt des fantastischen Zahlenwerks: „Nun darf nach den errechneten Zahlen für den Baueinsatz, das notwendige Versorgungs- und Wachpersonal und das Hoflager des Frankenkönigs doch – um bei der bisher geübten Praxis der bewussten Untertreibung zu bleiben – etwa eine Mindestverpflegungsstärke von 7000 bis 7500 Köpfen angenommen werden. Setzt man nun nur für 7200 Köpfe diejenigen Normen an, die die Verpflegungsordonnanzen des 17. und 18. Jahrhunderts für die Mannschaften der Reichsarmee geben, nämlich täglich 2 Pfund Brot, 1 Pfund Fleisch und 1 bis 2 Maß Bier bzw. die entsprechend geringere Menge Wein, so würde das einen Tagessatz von 14 400 Pfund Brot, 7200 Pfund Fleisch und etwa 10 000 Liter Bier bedeuten. Dazu kommen noch die Pferde- und Ochsenportionen für die Zugtiere, soweit diese nicht nur auf die Weide getrieben wurden, was beim Arbeitseinsatz aber nicht genügte.

Bei den kleinen Rindviehrassen der Zeit hatte ein Ochse bestenfalls 350 kg Gewicht, im abgetriebenen Zustand rund 300 kg, also gut gerechnet 150 kg Ausschlachtgewicht. Auch die kleinrassigen, auf der Waldweide ernährten und durch den Transport nicht minder abgetriebenen Schweine hatten höchstens 75 bis 80 kg Ausschlachtgewicht. Es mussten also täglich rund 24 Ochsen oder etwa die doppelte Menge an Schweinen aufgetrieben werden. Die Brotportionen erforderten täglich knapp 5 t Mehl, also selbst bei primitivem Ausmahlen mindestens 8,5 t Getreide, bei den damals kleinkörnigeren Sorten vermutlich jedoch weit mehr. Allzu viele Wassermühlen dürfen in der Umgebung nicht angenommen werden, so dass wohl das meiste Getreide erst an Ort und Stelle mit Ross- und Handmühlen vermahlen wurde. Eine Versorgungsleistung von gut 1700 Ochsen oder etwa doppelt so vielen Schweinen und mindestens rund 600 t Brotgetreide (bzw. den entsprechenden Gewichtssatz an Mehl) lässt sich also für die etwa zehn Wochen Arbeitszeit allein aus diesen Verpflegungsanschlägen errechnen ... Die nach diesen Verpflegungssätzen geforderten über 7500 hl Bier hätten aber für an Ort und Stelle schnell gebraute obergärige Weißbiere gut 60 t Trockensubstanz bedingt, die gleichfalls heranzuführen waren."

Und schließlich noch eine letzte Steigerung des Zahlenrausches: „Das Zusammenziehen und die Einsatzlenkung von – wenn man einmal statt der bisher bewusst gebrauchten Untertreibung wahrscheinlichere Zahlenrelationen annimmt – doch wohl über 8000 Menschen in unmittelbarem Einsatz in einer relativ noch wenig erschlossenen und dünn besiedelten, vorwiegend nur überherrschten Landschaft erweist zum anderen eine der technischen gleichwertige glanzvolle organisatorische Leistung. Denn mit all den im Umkreis von weit über 200 km als Lieferanten und im Nah- und Ferntransport erfassten Menschen waren mehr denn 10 000 von der Aktion betroffen. Das Aufbringen und wohlgeordnete Heranführen von wenigstens 1200 bis 1500 t Versorgungsgütern (unter Anrechnung des Leergewichts des Transportguts) und der Auftrieb gewaltiger Viehherden (etwa 1000 bis 1200 Ochsen und 2000 bis 3500 Schweine) über Naturpfade und im Wasserstraßenverkehr mit kleinen Booten bei zunehmend sich verschlechterndem Wetter rufen dieselbe Hochachtung hervor."

Dieses ganze fantastische Zahlengebäude wurde errichtet auf den Schilderungen in einer Chronik, die zwar als fantasievoll, keineswegs aber als zuverlässig gilt: der Wiener Handschrift 510 der Reichsannalen. Es ist ganz gewiss unstatthaft, auf solchem sandigen Fundament ein derart kühnes Zahlengebäude aufzutürmen.

Soviel kann man auf jeden Fall mit Sicherheit sagen: Ein solch gewaltiges Projekt wie ein Kanal zwischen der Altmühl und Re-

zat war nicht das beiläufige Vorhaben für den Herbst eines Jahres. Das wäre er nicht einmal heute, und das war es schon gar nicht vor mehr als tausend Jahren.
Hofmanns Studie ist ein eindrucksvoller Beleg dafür, welche fantastischen, pseudowissenschaftlichen Theorien sich entwickeln lassen, wenn man sich die geeigneten Zutaten aussucht und alles nicht dazu Passende sorgfältig außer acht lässt.

Zurück zu den Quellen

Wie mag es nun aber wirklich gewesen sein Anno 793? Um einer Antwort näher zu kommen, scheint es mir notwendig, erst einmal den ganzen Zahlenschutt abzuräumen, die – spärlichen – authentischen Quellen sorgfältig zu prüfen und einen neuen Denkansatz zu suchen. In den zwei zitierten Exemplaren der Reichsannalen (wie gesagt: den einzigen zeitgenössischen Quellen) heißt es: „Im Herbst kam der König zu Schiff von Regensburg zu dem großen Graben zwischen Altmühl und Radantia" (usque ad fossatum magnum). Und in der zweiten Chronik: „Nachdem König Karl in der erwähnten Stadt Regensburg das Weihnachtsfest gefeiert hatte, residierte er auch fast das ganze folgende Jahr hier, bis er sich im Herbst zu diesem Aquädukt begab, den er zwischen der Donau und dem Flüsschen Radantia beginnen ließ" (ad quendam aquaeductum).
Man kann aus diesen Formulierungen wohl zumindest schließen, dass der Graben allgemein bekannt war. Ebenso sicher ist, dass der zweite Chronist nicht am Ort war, sonst hätte er wohl nicht Donau, sondern Altmühl geschrieben. Es lässt sich auch herauslesen, dass das Projekt seit längerem bekannt war, also keineswegs nur ein beiläufiges Vorhaben des Jahres 793 (wobei der zweite Chronist allerdings 792 als Datum angibt: wohl ein Irrtum, wenn man Karls Aufenthalt in Regensburg für 792/93 als gesichert annimmt). Die falschen Orts- und Zeitangaben in diesem Text erhöhen allerdings nicht gerade seine Glaubwürdigkeit.

Warum war dieser Graben so bekannt, dass beide Chronisten ihn in ihren Formulierungen als bekannt voraussetzten? Möglicherweise, weil schon länger an dem Vorhaben gearbeitet wurde, aber erst der Besuch Karls an der Baustelle der Erwähnung wert schien. Das klingt recht sinnvoll und würde auch den Dimensionen dieses Projekts eher gerecht.

Das hieße also: An dem Kanal wurde möglicherweise schon seit Jahren gearbeitet. Als Karl ihn in seine strategischen Überlegungen einbezog, war die Arbeit so weit fortgeschritten, dass die Fertigstellung unter Mithilfe der Soldaten, die Karl mitbrachte, möglich schien. Und der großen Bedeutung des Vorhabens entsprechend wollte der Herrscher bei der Fertigstellung anwesend sein, den Kanal als erster befahren. Doch dann machten das Wetter und unvorhergesehene geologische Probleme einen Strich durch die Planung. Die Boote und Transportgüter mussten über Land umgesetzt werden – wie bisher, wenn man voraussetzt, dass diese Route von den Franken schon öfter gewählt wurde.

Auffallend ist aber auch die Beiläufigkeit der Erwähnung. Karls Biograf, der Mönch Einhard, erwähnt den Graben überhaupt nicht in seiner Vita Karoli Magni. Dieses Projekt war aber ohne Zweifel eines der umfangreichsten Bauvorhaben, die Karl in seiner langen Regierungszeit geplant hat – wenn er es geplant hat. Nun beweist dies allerdings nicht viel, denn die Reichsannalen sind ja leider über weite Strecken nichts als dürftige Reichsanekdoten. Aber es soll doch immerhin darauf hingewiesen werden.

„Zu dem großen Graben" – „zu diesem Aquädukt" formulieren die Reichsannalen. Wenn dieser Graben überhaupt schon lange existiert hat und deshalb als allgemein bekannt vorausgesetzt werden konnte? Schon aus der Zeit vor König Karl etwa?

Diese Möglichkeit wird durch die Annalentexte nicht ausgeschlossen. Zwar formulieren die in ihren Zeit- und Ortsangaben nicht sehr genauen Annales Mosellani „zu diesem Aquädukt, den er zwischen der Donau und dem Flüsschen Radantia beginnen ließ".

Aber was heißt das schon? Der Autor war nicht dabei und wusste es nicht besser. Oder er machte Karl einfach zum Urheber dieser Idee – nach der damals (und ja durchaus noch heute) üblichen Art der Hofberichterstattung. Das einzige, was mir wirklich gesichert scheint, ist die von allen zeitgenössischen Chronisten geschilderte Reise Karls zu dieser Baustelle, an der seine Leute im Herbst 793 arbeiteten. An einem Bauwerk, das in diesem Herbst ganz und gar nicht vorankam, geschweige denn vollendet wurde. Das aber trotzdem als ansehnliche Bauruine mehr als tausend Jahre überdauert hat – und vielleicht schon Karl als Bauruine vorgefunden hat.

Ein Projekt dieser Größenordnung ist in vorkarolingischer Zeit nur den Römern zuzutrauen, einer Epoche also, die in Deutschland schon 400 bis 500 Jahre zuvor zu Ende gegangen war. Um diesen gewaltigen zeitlichen Abstand zu verdeutlichen: Vor 500 Jahren hat Columbus Amerika entdeckt, vor 500 Jahren nagelte Luther seine Thesen an die Kirchentür in Wittenberg.

Es ist dies ja eines der großen Rätsel der Geschichte, wie es möglich war, dass die hochentwickelte römische Kultur untergehen konnte, ohne dass sie ihr Wissen an ein anderes Volk weiterreichte: ein über ganz Europa gespanntes vorzügliches Straßennetz, perfekte Wasserleitungssysteme in Segovia ebenso wie in Köln oder Split, Zentralheizung ebenso in Nizza wie in Mainz.

Ein großes Thema. Doch hier geht es nur um die bescheidene Frage, ob es denkbar ist, dass zu Karls Zeiten an eine Jahrhunderte alte Idee angeknüpft werden konnte – an eine Idee, die nirgends schriftlich festgehalten war, die lediglich aus geografischer Kenntnis rekonstruiert werden konnte. Und die womöglich nicht in allen Details richtig verstanden und umgesetzt wurde.

Luftbild des Karlsgrabens von der Altmühl (links unten) in Richtung Rezat. Deutlich sichtbar sind die Bumerangform der Fossa und die Biegung, die von der Eisenbahnlinie durchbrochen wird. Das Luftbild aus den 1970-er Jahren lässt auch deutlich einen Knick des Grabens wieder nach Norden erkennen, ein künstliches Rezatbett, das sich über die Bahnlinie hinüber ahnen lässt (weiße Pfeile). Die Kernbohrungen des Jahres 1992 haben diesen Verlauf erhärtet. Bei den paläobotanischen Untersuchungen der organischen Bestandteile (Torfablagerungen) der Bohrkerne wurden Pollen von Teichrosen ermittelt, die auf zeitweise offene Wasserflächen schließen lassen. Die Pollenanalyse ergab aber auch, dass kein durchgängiger Kanal auf dem Niveau der Altmühl bestanden hat.

Der Karlsgraben vom Dorf aus gesehen

Infostelen am Karlsgraben

Das Unternehmen Caracalla

Der Gedanke, dass womöglich die Römer mit dem Graben zu tun haben, ist nicht ganz neu. 1905 meinte ein Hauptmann a. D. namens Emanuel Seyler, der Karlsgraben sei eine römische Pferdeschwemme gewesen.
Diese Vorstellung entbehrt nicht der Komik. Aber auf den Gedanken, dass womöglich die Römer tatsächlich einen Kanal bauen wollten, ist noch niemand gekommen. Dabei liegt er eigentlich nahe. Zwei Fragen drängen sich sofort auf: Wozu brauchten die Römer einen Kanal? Und warum bauten sie ihn nicht zu Ende? Zur Beantwortung dieser Fragen bedarf es eines kleinen Exkurses in die Geschichte der Römer in Deutschland.
Bekanntlich verläuft knapp nördlich von Weißenburg der Limes, die römische Grenzmauer. Genauer: der rätische Limes, 5,7 Kilometer nördlich von Weißenburg, damals ein ansehnliches römisches Kastell. Es hieß Biriciana, und man weiß sogar, welche Truppeneinheit hier stationiert war: die Ala I Hispanorum Auriana, eine Ala quingenaria. 500 Mann stark also und ursprünglich in Spanien aufgestellt. Vermutlich entstand dieses Kastell um 90 n. Chr., in den letzten Regierungsjahren des Kaisers Domitian (Kaiser von 81–96). Zu seiner Zeit war der Limes noch nicht befestigt, sondern nur ein Grenzweg. Erst unter Kaiser Trajan (Kaiser von 98–117) wurden Postenwege angelegt mit Holztürmen in Sichtweite. Unter Hadrian (Kaiser von 117–138) wurden möglicherweise Palisaden errichtet, danach ein Zaun aus Flechtwerk, schließlich (in der Mitte des 2. nachchristlichen Jahrhunderts) Steintürme anstelle der Holztürme und Ende des 2. Jahrhunderts oder Anfang des 3. dann die eigentliche Limesmauer.
Ein sehr langer Entwicklungsprozess also, der sich über 200 Jahre hinzog. Die Limeslinie selbst verläuft eher willkürlich, keineswegs in einer strategischen Ideallinie. Das wird besonders deutlich an der Gesamtlinienführung des 548 Kilometer langen römischen Grenzwalls auf deutschem Boden: Die beiden Limesanlagen, der obergermanische (parallel zum Rhein) und der rätische (etwa parallel zur Donau) stoßen fast im rechten Winkel aufeinander (im heutigen Baden-Württemberg bei

Lorch). Ein riesiger Keil des mehr oder minder feindlichen Germaniens reichte weit in die römischen Territorien hinein und komplizierte die Verkehrsverbindung von den Donauprovinzen zu den blühenden Römersiedlungen am Rhein (Köln und Mainz zum Beispiel).
Diese Linienführung entsprach keineswegs den ursprünglichen Plänen und Vorstellungen der Römer. Kaiser Augustus (Kaiser bis 14) wollte ganz Germanien bis zur Elbe erobern, wollte von der oberen Elbe eine Verbindungslinie durch Böhmen und Mähren zur Donau ziehen. Die Elbe sollte die endgültige Grenze des römischen Reichs werden.
Bis zu Caesars Tod waren die Alpen die Nordgrenze des Römerreichs gewesen und der Rhein die Ostgrenze der Provinz Gallien. Der Stiefsohn (oder Sohn) des Kaisers Augustus, der schöne Drusus („ein Bild männlicher Schönheit" rühmte ihn der Historiker Theodor Mommsen, der als Gewährsmann für diesen Exkurs in die römische Geschichte dient), Drusus also eroberte 15 v. Chr. Graubünden, Tirol und Bayern bis zur Donau, gründete damit die Provinz Rätien (benannt nach dem Volksstamm der Räter, der in diesem Gebiet wohnte – er hat sich in den Rätoromanen bis heute erhalten). Grenze der neuen Provinz war, wie gesagt, die Donau, Hauptstadt wurde Augusta Vindelicum, das heutige Augsburg.
Die Eroberung des jetzigen Bayerns bis zur Donau bildete im Jahr 15 v. Chr. den Auftakt zu der Großoffensive gegen die Germanen. Zu den Vorbereitungen gehörte auch ein bemerkenswertes Bauwerk: ein Kanal, den Drusus mit Hilfe der Bataver durch deren Land vom Rhein zur Zuidersee (dem heutigen eingedeichten Ijsselmeer) bauen ließ, die Fossa Drusiana, den Drususgraben. Dieser Kanal sollte der römischen Rheinflotte einen Teil der Fahrt über die gefährliche Nordsee auf ihrem Weg zur Ems- und Wesermündung ersparen. Die Fossa Drusiana lag in der Gegend des heutigen Utrecht.
Bis 9 v. Chr. hatte sich Drusus auch auf dem Landweg bis zur Elbe vorgekämpft, dann passierte ihm ein Missgeschick mit ungeahnten Folgen: Er stürzte vom Pferd, brach sich ein Bein und starb einen Monat später, gerade 30 Jahre alt. Sein Bruder Tiberius führte die Eroberungszüge weiter. Zu deren Vorberei-

tungen gehörte auch ein Damm, der irgendwo zwischen der Ems und dem Niederrhein durch sumpfiges Gebiet aufgeschüttet wurde, die sogenannten Langen Brücken. Auch dies ein großes Erdbauwerk der Römer, das für unser Thema von Interesse ist.

Es dauerte noch 14 Jahre (bis 5 n. Chr.), bis die Römer Germanien bis zur Elbe fest im Griff hatten. Erst dann konnte es Tiberius wagen, die Schließung der geplanten Reichsgrenze in Angriff zu nehmen: die Eroberung Böhmens und Mährens, um die Verbindung von der Elbe zur unteren Donau herzustellen. Mommsen schreibt: „Von zwei Seiten her, von Germanien und Noricum aus, rückten die römischen Heere vor gegen den böhmischen Bergring; den Main hinauf, die dichten Wälder vom Spessart zum Fichtelgebirge mit Axt und Feuer lichtend, ging Gaius Sentius Saturninus gegen die Marcomannen vor." Der Main war also, was ja nicht überraschen kann, strategisch ebenso bedeutsam wie in Norddeutschland die Flüsse Ems, Weser und Elbe.

Zu der Eroberung Böhmens kam es dann doch nicht, weil in den Donauprovinzen ein gewaltiger Aufstand ausbrach (der pannonische Aufstand), so dass Tiberius den Feldzug abbrechen musste, da er alle Truppen (zusammen an die 120 000 Mann!) zur Niederschlagung der Aufständischen benötigte. Drei Jahre brauchten die Römer, bis sie dieser Bedrohung, der schwersten seit Hannibals Invasion in Italien, Herr geworden waren. Kaum war diese Gefahr gebannt, brach im gleichen Jahr 9 eine neue Katastrophe über die Römer herein: In der berühmten Schlacht im Teutoburger Wald schlug der 26-jährige Cheruskerfürst Armin drei römische Legionen vernichtend. Fast 20 000 Mann kamen um, die Germanen hängten die abgehackten Köpfe der Gefangenen an die Bäume ihrer heiligen Haine.

Fünf Jahre brauchten die Römer, bis sie sich von diesem Schrecken erholt hatten. Erst 14 n. Chr. wagten sie in dem nun schon 30 Jahre wütenden Krieg vom Rhein aus neue Expeditionen ins Germanenland, jetzt unter dem Oberbefehl des Drusus-Sohnes Germanicus, der im Jahr 16 sein gesamtes Heer auf einer riesigen Transportflotte vom Rhein über die Nordsee zur Ems bringen ließ. Mommsen spricht von „1000 Segeln" und 80 000

Soldaten. Auf der Rückfahrt geriet diese grandiose Flotte in einen Nordseesturm, ging zum Teil unter, der Rest wurde über die Nordsee getrieben, teilweise bis nach England. Nun hatten die Römer endgültig genug, Germanicus wurde abberufen, die Grenze an den Rhein zurückgenommen. Das Germanien östlich des Rheins blieb frei.

Für unser Thema von Interesse sind diese Details: Die Römer bauten einen Kanal vom Rhein zur Zuidersee; sie schütteten in Sumpfgebieten lange Wälle als Straßen auf; sie fuhren mit ihren Truppen den Main hinauf; und sie nutzten überhaupt gern die Flüsse als Transportwege für Truppen und Güter. Eine Wasserverbindung zwischen Rhein und Donau wäre ihnen mit Sicherheit sehr willkommen gewesen.

Noch fehlte es jedoch an der wichtigsten Voraussetzung für eine solche Flussverbindung oder auch nur Wegverkürzung. Das Land, durch das diese Verbindung führen konnte, war noch Feindesland, denn im Süden endete das Römerreich exakt an der Donau, und im Westen wurde nur ein schmaler Streifen entlang des Rhein-Ostufers von den Römern kontrolliert.

In den folgenden Jahrzehnten schoben die Römer die Rheingrenze allmählich nach Osten vor, freilich eher mühsam und gar nicht mehr mit dem kühnen Schwung, mit dem sie noch vor kurzem gewaltige Eroberungsstrategien entworfen hatten.

Im Jahr 80 wurde der erste Schritt über die Donau gewagt: Das Kastell Kösching entstand. Sicher kein Zufall, sondern wohl der Ausgangspunkt für eine geplante Diagonale durch das heutige Franken zum Main, wo um diese Zeit bereits der Raum Aschaffenburg erreicht war. In den nächsten Jahren setzte Kaiser Domitian diese Linie in der heute noch sichtbaren Limesrichtung fort, um 90 erfolgte dann die Gründung des Kastells Biriciana (Weißenburg).

Es hätte nun eigentlich nahegelegen, dass der Limes weiter in nordwestlicher Richtung geführt worden wäre – oder dass gar von hier aus eine gerade Linie nach Norden eingeschlagen worden wäre, über Nürnberg nach Bamberg zum Main. Immerhin war ja der Main inzwischen flussaufwärts bis Miltenberg unter der Kontrolle der Römer. Aber ein weiteres Vordringen mainaufwärts und von Weißenburg nordwärts muss wohl auf unüberwindbaren Widerstand gestoßen sein. Jedenfalls wendet sich die Grenzlinie von Gunzenhausen aus in südwestliche Richtung, um bei Schwäbisch-Gmünd (genau: in Kleindeinbach) den obergermanischen Limes zu erreichen.

Dies jedenfalls gilt es festzustellen: Wenn die Römer tatsächlich an eine Direktverbindung vom Main zur Donau dachten, dann war deren Realisierung erst nach dem Jahr 90 möglich. Das Überschreiten der Donau hatte nur dann einen Sinn, wenn ein wesentlicher Schritt gen Norden beabsichtigt war. Denn die Donau stellte eine so sichere und bequeme Verteidigungslinie dar, wie sie keine noch so hohe Limesmauer bieten konnte. Vielleicht wurde die Limeslinie von den Römern anfangs auch nur als Provisorium angesehen, denn sie war ja noch völlig unbefestigt und darum jederzeit verschiebbar.

Allerdings wurden die Chancen für eine Verschiebung nach Norden von Jahrzehnt zu Jahrzehnt geringer. Während im 1. Jahrhundert in Franken noch die braven Hermunduren siedelten, drangen im 2. Jahrhundert die aggressiven Markomannen in diesen Raum vor und bedrohten ab 167 genau diesen Teil des Limes. Knapp 50 Jahre später (213) unternahm Kaiser Caracalla noch einmal einen energischen Vorstoß: Von Mainz aus marschierten römische Truppen mainaufwärts ins Germanenland und vom rätischen Limes aus nordwärts.

Wollte der Kaiser endlich das vollenden, was seit langem geplant war: das Land botmäßig machen, das Rom brauchte, um die ideale Verkehrsverbindung vom Rhein zur Donau herzustellen? Sicher ist nur, dass dieser Feldzug keinen erkennbaren Erfolg hatte. Es wurde zwar ein Sieg am Main erfochten und gefeiert, aber das Gebiet blieb letztlich germanisch. Das Unternehmen scheiterte wohl am erbitterten Widerstand der Bewohner dieses Landes, denn das waren inzwischen die Alamannen. Ihnen war es bestimmt, wenige Jahrzehnte später den Limes zu überrennen, ganz Rätien zu verwüsten, sogar bis nach Oberitalien vorzudringen.

Soviel darf man wohl als sicher annehmen: Für den Nachschub in das straßenlose Feindesland nutzten die Römer auch in diesem Fall die vorhandenen Wasserwege, also den Main, der ja genau in das Zielgebiet des Angriffs führte. Von Süden her kamen die Truppen sicher aus Regensburg, wo erst 30 Jahre vorher das wichtige Kastell Castra Regina gegründet worden war, in dem eine komplette Legion (die Legio III Italica Concors) stationiert war. Wie kamen deren Kriegsgerät und Nachschub und Verpflegung am besten ins Kriegsgebiet? Sicher über die Donau und die Altmühl aufwärts – und dann über die kurze Landbrücke bei Weißenburg ins Fluss-System Rezat-Regnitz. Dieses gewinnt durch mancherlei Zuflüsse nördlich von Weißenburg immerhin so viel an Volumen, dass eine Nutzung mit kleinen Booten denkbar ist. Eine Überlegung, die in ganz gleicher Weise für den 550 Jahre später durch König Karl unternommenen Versuch gilt. Wobei die Römer eventuell über bedeutend mehr Wasser verfügen konnten, weil sie möglicherweise ein anderes Konzept hatten. Darüber mehr im nächsten Kapitel.

Dies also ist in großen Umrissen die historische Situation. Die Römer hatten ohne Zweifel ein lebhaftes Interesse an einer Verbesserung der Verkehrswege zwischen Rhein und Donau – schon aus strategischen Gründen, denn viele Male wurden Truppen vom Rhein nach Südosteuropa, sogar nach Kleinasien, beordert und auch umgekehrt aus diesen Provinzen nach Germanien geworfen.

Warum die Römer an einer Kanalverbindung interessiert sein konnten, ist nun vielfach begründet. Wann ein solches Projekt realisierbar war, lässt sich zumindest einkreisen: nicht vor 90 n. Chr. und nicht nach 213, denn nach Caracallas Feldzug gewannen die Germanen von Jahrzehnt zu Jahrzehnt deutlicher die Oberhand in diesem Raum. Und warum der Kanal zwar begonnen, aber nicht zu Ende gebaut wurde, fände in dem Misserfolg des Unternehmens Caracalla ein Erklärung: Wider Erwarten gelang die dauernde Eroberung des Landes nicht – oder sie schien gesichert (daraufhin Beginn der Arbeiten), dann jedoch erfolgte ein Rückschlag, die Römer mussten sich hinter den Limes zurückziehen – der Kanal war überflüssig.

So könnte es gewesen sein; beweisen lässt es sich aus den historischen Quellen freilich nicht. Aber vielleicht würde eine genaue Untersuchung des Grabens weitere Indizien liefern. Diese Erforschung haben die Archäologen durch alle Jahre nicht für wichtig oder gar notwendig befunden. Erst kurz vor dem Jubiläumsjahr 1993 rafften sie sich zu ein paar Bohrungen auf, die nach dem Willen des bayerischen Landtags schon vor Jahren hätten stattfinden sollen. Die Ergebnisse der paläobotanischen Untersuchungen der organischen Bestandteile in den Bohrkernen wurden erst sehr viel später veröffentlicht (siehe S. 20); die Altersbestimmungen nach der C14-Methode liegen freilich immer noch nicht vor.

Waren es die alten Römer?

Die Lage des Grabens in der Landschaft wurde bereits im Eingangskapitel beschrieben, auch ein erster Blick vom Ort aus auf den Graben und seine Wälle. Auf den Kronen beider Wälle führt ein schmaler Weg zwischen den Bäumen hindurch. Wenn man auf diesen Wegen geht, den Graben also von oben sieht und nach Süden blickt in Richtung Altmühl, fragt man sich als erstes, ob der Aushub tatsächlich in gleicher Weise bis zur Altmühl weitergehen sollte. Wenn man sich diese Wälle nämlich fortgesetzt denkt, erinnern sie eher an die Aufschüttungen zum Beispiel für eine Autobahnbrücke – oder auf römische Zeiten übertragen: an den Unterbau für einen Aquädukt, eine der von den Römern so gern und perfekt gebauten Wasserleitungen also. Denn diese weitergedachte Linie der Wallkronen führt hoch über dem Altmühlbett hinüber zu den Abhängen des Patrichberges. Dass dies keine optische Täuschung ist, kann man gut an der Bahnlinie prüfen, die den Graben brutal durchschneidet (dort etwa einen Meter über der Sohle aufgeschottert), dann mit ihm parallel läuft und schnurgerade und waagerecht das weite, hochwassergefährdete Tal der Altmühl auf einem Damm und schließlich auf einer Brücke überquert. Die Wallkronen der gedachten Fortsetzung des Grabens würden noch etwas höher als die Bahnlinie über der Talebene liegen, nämlich auf etwa 16 Metern. Eine solche Fortsetzung war also sicher nicht geplant. Dann gilt es aber festzuhalten, dass die beiden Wälle ziemlich abrupt enden, sich keinesfalls dem sanft nach Süden, zur Altmühl abfallenden Gelände anpassen, sondern offensichtlich mit Absicht bis an ihr Ende auf die ungefähr konstante Höhe von 430 Meter über NN aufgeschüttet wurden. Das kann kein Zufall sein. Ebenso wenig kann es ein Zufall sein, dass die Arbeitswege an der Außenseite der Wälle entlanglaufen (am Ostwall noch deutlich zu sehen). Niemand hätte diese hohen, riskanten Wälle aufgeschüttet, wenn es nicht auf jeden Meter angekommen wäre. Viel einfacher wäre es gewesen, den Erdaushub in Absätzen, stufenweise abzulagern. Und auch dies gilt es zu beachten: Es wurde mehr Erdreich aufgehäuft als aus der Kanalrinne stammt. Es wurde also noch zusätzlich Erdreich herangeschafft. Kein Zweifel: Es kam genau auf diese Höhe an.

Das heutige Ende der Wälle gibt nun allerdings Rätsel auf. Denn wie schon eingangs geschildert, weitet sich der schmale Graben am Ende der Wälle zu einem 50 Meter langen und 20 Meter breiten Weiher. Es gibt keinerlei Anhaltspunkt dafür, dass dieser Weiher etwa erst später, im Lauf der Jahrhunderte, ausgehoben worden ist. Denn für die Belange des Dorfes reichte der lange, früher zweimal unterteilte, aufgestaute Teich zwischen den Wällen voll aus.

Auffallendstes Merkmal dieses Weihers ist es, dass er fast ohne alle Aufschüttungen flach im Gelände eingebettet ist. Seine derzeitige Gestalt und Tiefe erhielt er 1980, als verschlammtes Erdreich herausgebaggert und die Einfassungen erneuert wurden. Diese Einfassungen stammten von 1928 und waren aus Bruchstein. Zuvor scheint es keine Begrenzung durch Mauern gegeben zu haben, jedenfalls lässt ein Stich von etwa 1840 solche nicht erkennen. Auch auf diesem Stich ist die Ausweitung des Weihers deutlich sichtbar.

Man muss also wohl davon ausgehen, dass der „Weiher" zum ursprünglichen Konzept dieses Bauwerks gehörte. Lediglich die Wälle haben wahrscheinlich ursprünglich einige Meter näher an ihn herangereicht, da im Lauf der Jahrhunderte einiges an Sand abgetragen worden sein dürfte.

In diesem Zusammenhang ist eine Beobachtung von Interesse, die man 1980 beim Bau eines Hauses in Graben machen konnte. Dieses Haus Nummer 8 liegt an der Hauptstraße, etwa 150 Meter südlich des Weihers. Beim Erdaushub für den Neubau wur-

den etwa acht bis zehn Meter östlich von der Mittellinie der Straße Verfärbungen im Erdreich sichtbar, die eine Schrägung bzw. Böschung erkennen ließen.
Dies deutet darauf hin, dass der Kanal schon weiter zur Altmühl führte als heute noch zu erkennen ist. Es könnte also bedeuten, dass dieser Weiher der Endpunkt des ersten, tiefliegenden Abschnittes des Kanals war. Diese Beobachtung deckt sich auch mit der Überlieferung, dass früher ein Hohlweg von dem Weiher durch das Dorf in Richtung Altmühl führte. Er soll um 1860 aufgefüllt worden sein.
Stellte der Weiher eine Art Hafen dar, in dem die Kähne entladen wurden, bevor man sie über Rampen auf das höhere Niveau des heute sichtbaren Kanals zog?
Wie schon erläutert, halten die Wälle über lange Strecken eine Höhe von gut 430 Metern über NN. Seltsamerweise ist dies bisher noch keinem Historiker aufgefallen. Wohl deshalb, weil sie alle gebannt in den Graben hineinstarrten auf der Suche nach dem imaginären Punkt, an dem die Linien der beiden Böschungswinkel zusammenstoßen. Das wäre dann die Sohle des Kanals, von der man hoffte, dass sie unter dem Altmühlspiegel liegt. Das tut sie aber nicht. Es fehlen zwei Meter plus mindestens ein Meter für die Wasserführung für wenigstens kleinste Nachen. Deshalb scheute zum Beispiel Hofmann nicht vor der Spekulation zurück, dass die Altmühl vor tausend Jahren vielleicht einen höheren Wasserspiegel hatte. Eine ganz und gar haltlose Mutmaßung, für die es keinerlei Anhaltspunkte gibt.
Diese Wallhöhe kann – wie schon betont – kein Zufall sein. Sie muss eine obligatorische Voraussetzung zur Erreichung eines bestimmten Ziels gewesen sein. Auf der Suche nach einer korrespondierenden Höhe fällt auf, dass der wasserreiche Bach Schambach im knapp drei Kilometer entfernten gleichnamigen Ort genau diese Höhenmarke durchfließt an dem Punkt, an dem eine Umleitung des von Osten kommenden Baches nach Norden entlang den Hängen des Knipferberges ohne großen technischen Aufwand möglich ist. Diese Umleitung müsste dann durch die Senke zwischen dem Knipferberg im Osten und dem Nagelberg im Westen führen – ziemlich genau parallel zur heutigen Bundesstraße 2. Die Senke ist an ihrem Scheitel etwa

427 Meter hoch. (Dieser Scheitel ist übrigens der Punkt, an dem sich die zwei Fluss-Systeme am allernächsten kommen: Die Entwässerungsgräben in den Wiesen nähern sich auf knapp 250 Meter.) Nach Durchquerung dieser etwa 2,5 Kilometer langen Senke könnte die Schambach problemlos in den Kanal eingeleitet werden, diesen mit Wasser füllen. Das würde auch die merkwürdige Bumerang-Form des Kanals erklären.

Mit Hilfe des reichlichen Schambach-Wassers wäre es möglich gewesen, auch einen langen Kanal mit Wasser zu füllen. Und lang muss dieser Kanal ursprünglich geplant gewesen sein. Denn wer auch immer eine Kanalverbindung zwischen den zwei Fluss-Systemen geplant haben mag: mit dem kurzen, heute sichtbaren Stück (zuzüglich dem nicht mehr sichtbaren Anschluss an die Altmühl) war es ja noch lange nicht getan. Bis weit nördlich von Weißenburg (fünf Kilometer entfernt), ja bis nördlich von Ellingen (acht Kilometer!) stand auf keinen Fall genügend Wasser in einem natürlichen Flussbett für einen auch nur bescheidenen Bootsverkehr zur Verfügung. Ab Ellingen mag eine Aufstauung des Rezat-Bächleins in dem dort bereits etwas tieferen Flussbett möglich gewesen sein. Aber bis dorthin, also mindestens acht Kilometer über das bereits ausgehobene Kanalstück hinaus, ging es nicht ohne künstliche Wasserführung in einem geschlossenen Kanalbett.

Erst diese Erkenntnis gibt dem Projekt die richtige Dimension. Schier unvorstellbar, wenn man an die Möglichkeiten der Karolinger denkt. Aber keineswegs unvorstellbar, wenn man sich etwa die gigantischen Wasserleitungsbauten der Römer vor Augen hält, deren Reste noch heute überall in Europa zu bewundern sind (in Segovia etwa oder als Pont du Gard in Südfrankreich). Und direkt das Kanalgebiet berührt ja ein anderes gigantisches Bauwerk der Römer: der Limes.

Wenn man die Römer für die eigentlichen Bauherren hält, erklärt sich auch, warum man nirgendwo im Umfeld des Kanals auf Siedlungsreste oder dergleichen gestoßen ist: Die Römer konnten ja nach jeder Arbeitsschicht in ihr nur fünf Kilometer entferntes Kastell Biriciana zurückmarschieren, das durchaus günstig halbwegs in der Mitte der Gesamttrasse lag.

Was hat dann aber König Karl mit dem Kanal zu tun? Es kann wohl kein Zweifel daran bestehen, dass er an diesem Kanal bauen ließ. Ebenso klar ist aber – wenn man der Wiener Handschrift Glauben schenken mag – dass das, was seine Mannen an Erdreich aushoben, wieder zurückgeschwemmt wurde. Karls Graben kann also auf keinen Fall identisch sein mit dem heute noch sichtbaren Kanal.

Denkbar ist jedoch, dass Karl den Kanal weiterbauen wollte, und zwar vielleicht wirklich unter Einbeziehung des Rezat-Rinnsals. Dann muss man Karls Graben wohl dort suchen, wo heute die Rezat durch das Ried fließt. Tatsächlich gibt es hier einige Bodenwellen, die man sich immerhin als zurückgesunkene Kanalböschungen vorstellen kann. Auch auf Luftaufnahmen von diesem Gebiet deuten Bodenverfärbungen im Ried auf mögliche Erdarbeiten hin. Sie ziehen sich parallel zur heutigen Rezat nach Norden bis über die Bahnlinie hinweg.

Wenn Karls Ingenieure tatsächlich den vorgefundenen Kanaltorso auf diese Weise zu Ende bauen wollten, dann war der Misserfolg vorprogrammiert. Nicht nur wegen der gänzlich ungeeigneten geologischen Struktur des moorigen Rieds, sondern auch wegen der technischen Unmöglichkeit, auf diese Weise eine Wasserverbindung von der Altmühl zur Rezat herzustellen: Die Wasserspiegel der Altmühl und der Rezat passen nicht zusammen, der Kanal hätte nie genügend Wasser gehabt. Karls Kanalbau also ein grandioses Missverständnis? Es spricht manches dafür.

Zumindest soviel steht fest: Es deuten gewiss ebenso viele Indizien auf die Römer als erste Bauherren wie auf die Karolinger. Und auch dies gilt es zu bedenken: Dieses ganze Gebiet war in römischen Zeiten dicht besiedelt, zahlreiche Gutshöfe und sonstige Siedlungszeugnisse der Römerzeit wurden gerade in den letzten Jahren entdeckt und zum Teil auch ausgegraben. Auch das wegen seiner künstlerischen Qualität als sensationell eingestufte Okeanos-Relief (jetzt in der Archäologischen Staatssammlung in München) wurde genau in dem Areal gefunden, in dem ich die Ableitung der Schambach in Richtung Kanal vermute.

Karl – der Große?

In dieser kleinen Studie kommt die Bezeichnung Karl der Große bewusst nicht vor (außer in Zitaten anderer Autoren). Und das, obwohl kaum einem anderen deutschen Herrscher das Attribut „der Große“ so uneingeschränkt, so einmütig zuerkannt wurde und wird wie diesem. Vielleicht deshalb, weil dieser Herrscher als der erste Einiger Europas gilt. Und welche politische Idee wurde durch die Jahrhunderte von den Menschen inniger ersehnt und von Politikern aller Völker und aller Zeiten schmählicher verraten als die Einigung zuerst Deutschlands und schließlich Europas!

Die Reichsannalen zeichnen freilich ein ziemlich unrühmliches Bild vom Leben und Wirken Karls.

741 stirbt Karls Großvater, der Hausmeier Karl. Dessen drei Söhne geraten sich sogleich in die Haare. Der jüngste, Grifo, zieht den Kürzeren und wird von seinen Brüdern gefangen gesetzt. Karlmann, der älteste, und Pippin teilen 742 das väterliche Erbe, fallen in Aquitanien (Südfrankreich) ein, verwüsten Alemannien, prügeln sich mit Herzog Odilo von Bayern und ziehen nach Sachsen. 745 beschließt Karlmann, ins Kloster zu gehen (nach Monte Cassino in Italien). Wie stark Pippin an diesem Entschluss mitgewirkt hat, darüber sagen die Annalen nichts. Jedenfalls ist Pippin nun Alleinherrscher.

749 lässt sich Pippin vom Papst zum König ernennen. Der eigentliche König der Franken, der Merowinger „Hilderich aber, der Scheinkönig, wurde geschoren und ins Kloster geschickt“ (Reichsannalen). Nach bewährter Methode.

753 ist ein besonders erfolgreiches Jahr für Pippin. Er siegt wieder einmal über die Sachsen, ferner gelingt es ihm, seinen Bruder Grifo umbringen zu lassen. Und schließlich kommt ein leibhaftiger Papst (Stephan) in sein Land gereist, um Hilfe gegen die Langobarden zu erbitten, die ihm das Leben in Italien schwer machen. Der Abt des Klosters Monte Cassino schickt gleichzeitig Pippins Bruder Karlmann nach Francien, um den Frankenkönig davon abzuhalten, dem Papst zu helfen.

Doch Pippin entscheidet sich für den Papst, verständlicherweise, denn „der erwähnte Papst Stephan bestätigte Pippin durch

die heilige Salbung als König, und mit ihm salbte er auch seine beiden Söhne Karl und Karlmann zu Königen." Ein eindrucksvolles Beispiel dafür, was die Macht von Salbe gegen die Macht von Waffen vermag.
Nun hat König Pippin einen guten Grund, auch noch die Unterwerfung Italiens zu versuchen. Nach zwei Jahren ist auch dies halbwegs gelungen „durch Gottes Hilfe und das Eingreifen des seligen Apostels Petrus", wie die Reichsannalen versichern (755). 758 zieht Pippin wieder gegen die Sachsen, ab 760 fast jedes Jahr gegen Aquitanien, und wenn er nicht 768 gestorben wäre (an Wassersucht), dann wäre das wohl noch jahrelang so weiter gegangen.
König Karl tritt sogleich in die Fußstapfen seines Vaters. Sein jüngerer Bruder Karlmann überlebt die Teilung des Erbes nur um zwei Jahre: Der Zufall will es, dass er 771 plötzlich und unerwartet stirbt, bevor sein Bruder Karl ihm mit Hilfe seiner Truppen klarmachen kann, wer Herr im Lande ist. Jetzt steht dem Tatendrang des jungen Karl nichts mehr im Weg. Mordend und plündernd zieht er nun jahrzehntelang durch Europa: 772 „zog er erstmals nach Sachsen, eroberte die Eresburg, gelangte bis zur Ermensul, zerstörte dieses Heiligtum und brachte das Gold und Silber, das er dort fand, mit." (Reichsannalen)
773 und 774 sind wieder die Langobarden in Italien an der Reihe: „Als Karl auf der Rückkehr von Rom wieder vor Pavia kam, gewann er die Stadt und König Desiderius mit Frau und Tochter und dem ganzen Schatz dieses Palastes." 775 geht es gleich mehrfach gegen die Sachsen: „Mit Gottes Hilfe und durch den Kampfesmut der Franken wurden die Sachsen in die Flucht geschlagen, die Franken besetzten beide Ufer (der Weser), und viele Sachsen wurden dort erschlagen." Und weiter: „Als das König Karl hörte, fiel er wieder mit seinem Heer über die Sachsen her, brachte ihnen nicht weniger Verluste bei und gewann reiche Beute von den Westphalen, und sie stellten Geiseln wie die anderen Sachsen. Dann, nachdem er die Geiseln erhalten, reiche Beute gemacht und dreimal ein Blutbad unter den Sachsen angerichtet hatte, kehrte der genannte König Karl mit Gottes Hilfe heim nach Francien."

So steht es in den Reichsannalen. Und so geht es Jahr für Jahr weiter. 778 läuft einiges schief: Karl fällt in Spanien ein und holt sich dort eine blutige Nase; zur gleichen Zeit kommen die Sachsen in einem Rachezug bis an den Rhein. Der Sachsenhäuptling Widukind bringt den Franken 782 sogar eine empfindliche Niederlage bei. Karl rächt sich, indem er 4500 gefangene Sachsen umbringen lässt: „Dann sammelten sich wieder alle Sachsen und unterwarfen sich der Gewalt des oben genannten Königs und lieferten alle die Übeltäter aus, die diesen Aufstand vor allem durchgeführt hatten, zur Bestrafung mit dem Tod, 4500; und dies ist auch so ausgeführt worden."

33 Jahre lang dauert dieser Krieg gegen die Sachsen, länger also als der Dreißigjährige Krieg. Zehntausende von Menschen kommen ums Leben, zehntausende Sachsen werden verschleppt. 33 Jahre Krieg gegen ein Volk, das den Franken gar nichts getan hat, das nach allem, was wir von ihm wissen, brav in seinem Lande lebte und gewiss nicht die Absicht hatte, das Frankenreich zu erobern.

Durch die Reichsannalen ist vielfach bezeugt, dass die Päpste den fränkischen Eroberer zu seinen Untaten ermunterten: „Wenn der Herzog (Tassilo von Bayern) in seiner Verstocktheit den Worten des genannten Papstes (Adrian) nicht gehorchen wolle, dann seien König Karl und sein Heer von jeder Gefahr der Sünde frei, und was in seinem Lande geschehe an Brand, Mord oder sonstiger Übeltat, das solle über Tassilo und seine Genossen kommen, und König Karl und die Franken blieben von jeder Schuld hieraus unberührt." (787)

Die Allianz der Kirche mit den Karolingern machte zwei Schwache stark. Die römisch-katholische Kirche war ständig bedroht durch die zu dieser Zeit noch wesentlich mächtigere oströmische Kirche, die sich auf die fest installierte weltliche Macht des byzantinischen Kaisertums stützen konnte. Sie war sogar in Italien permanent in Gefahr. Nicht einmal in Rom selbst waren die Päpste ihres Lebens sicher: „Die Römer nahmen den Papst Leo am großen Bittgangstag gefangen, blendeten ihn und rissen ihm die Zunge aus", wissen die Reichsannalen 799 zu berichten. Der Papst flüchtete zu Karl nach Paderborn, Karl ließ ihn nach Rom zurückbringen, reiste im nächsten

Jahr (800) selbst nach Rom und ließ die römischen Patrizier (die zugleich hohe kirchliche Würdenträger waren), die diesen Papst so schmählich davongejagt hatten, „als Majestätsverbrecher zum Tode verurteilen".
Und von diesem Papst, den man sich ja wohl blind und stumm und ziemlich ramponiert vorstellen muss, ließ sich König Karl „eine Krone aufs Haupt setzen, und das ganze Römervolk rief dazu: dem erhabenen Karl, dem von Gott gekrönten großen und friedliebenden Kaiser der Römer Leben und Sieg!" Es dürfte ein ziemlich klägliches Schauspiel gewesen sein, zu dem der Papst „an die entsprechenden Stellen Scharen von Fremden und Bürgern hinbefohlen und aufgestellt hatte, die dem Ankommenden Lob singen sollten", wie die Reichsannalen in schöner Einfalt berichten.
Jetzt, auf dem Höhepunkt seiner Karriere und auf dem Weg zum Greise findet Kaiser Karl endlich Muße, sich schöngeistigen Dingen zuzuwenden und schreiben zu lernen, wozu er in den Jahrzehnten seiner Raubzüge keine Zeit gefunden hat (was aber auch seinen Eltern offenbar nicht wichtig erschienen war). Karls Biograph Einhard berichtet in seiner Vita Karoli magni: „Karl versuchte sich auch im Schreiben und hatte unter seinem Kopfkissen im Bett immer Tafeln und Blätter bereit, um in schlaflosen Stunden seine Hand im Schreiben zu üben. Da er aber verhältnismäßig spät damit begonnen hatte, brachte er es auf diesem Gebiet nicht sehr weit."
Wenn die alten und neuen Historiker von all den gelehrten Geistern schwärmen, die Kaiser Karl in Aachen versammelte, denen er ein gelehriger Schüler war, die es auch nicht an Lobgedichten auf den großen Gönner fehlen ließen, dann rückt Einhards unbefangener Hinweis auf Karls Schreibkünste die Maßstäbe zurecht.
Was hatte dieser Kaiser Karl nun geschaffen? Ein unsinnig aufgeblähtes Reich, das bei der damaligen primitiven Infrastruktur gar nicht zu regieren war und darum auch sogleich nach seinem Tod zu zerfallen begann. Ferner gegen die Sachsen eine erste Version des totalen Krieges mit dem ersten Völkermord in der Geschichte der Deutschen. Und die Christianisierung weiter Teile Mitteleuropas. Dafür wird dieser Kaiser als „Seliger"

der katholischen Kirche verehrt. Warum auch nicht – schließlich findet noch nicht einmal heute irgendein Politiker etwas dabei, sich mit einem Preis dekorieren zu lassen, der den Namen des Sachsenschlächters trägt: dem Karlspreis. Gewissermaßen ein karolingischer Blutorden.
Bekanntlich zählen auch die Franzosen Karl zu den Ihren: als Charlemagne. Wir sollten ihn getrost den Franzosen lassen, denn Deutschlands Geschichte hat bereits genügend Verbrecher aufzuweisen. Es bedarf wohl eines neuen Geschichtsbewusstseins mit höheren moralischen Ansprüchen, um endlich die primitive Bewunderung für Mord und Totschlag zu überwinden. Dazu bedarf es freilich auch anderer Geschichtsschreiber, keiner Hofberichterstatter und Gewaltverherrlicher. Auch dies ein Thema zum Nachdenken, aber nicht das eigentliche Thema dieser Studie.

Vom wissenschaftlichen Arbeiten

Man könnte fragen: Ist es so wichtig zu wissen, ob nun die Römer oder die Karolinger diesen Kanal gegraben haben? Er ist nie fertig geworden, das steht fest – und alles andere ist doch im Grunde gleichgültig. Das ist durchaus richtig. Mir ging es bei dieser Studie auch um etwas anderes. Ich wollte aufzeigen, wie wichtig es ist, nicht unbesehen alles zu glauben, was von Fachleuten verkündet wird. Schon die Reichsannalen warnen ja vor den Folgen unkritischer Gutgläubigkeit!
Da schreibt ein Würzburger Professor ein zwar fantasievolles, aber unwissenschaftliches Buch über den Karlsgraben – und dieses Opus wird zum Standardwerk. Der Präsident der Würzburger Universität rühmte an deren 400. Geburtstag, dass allein in einem Jahr von den 850 Lehrenden 2337 Arbeiten veröffentlicht wurden (Rezensionen und Dissertationen nicht mitgerechnet). Das wären pro Lehrer und Jahr fast drei Veröffentlichungen. Möglicherweise einige zu viel: „90 Prozent aller wissenschaftlichen Publikationen sind wertlos und werden nur deshalb geschrieben, weil von einem Wissenschaftler erwartet wird, dass er regelmäßig publiziert“, behauptet der amerikani-

sche Biologieprofessor Alexander Kohn. Dies ist also sicher kein spezifisch würzburgisches Problem. In dem dreibändigen Prachtwerk über die erwähnte Ausstellung „Karl der Große – Lebenswerk und Nachleben" versicherte Wolfgang Braunfels, Ordinarius für Kunstgeschichte an der Universität München: „Natürlich konnte Karl lesen und schreiben." Woher wusste er das nur? Es gibt außer krakeligen Namenszügen kein einziges Schriftstück, das Kaiser Karl geschrieben hat (und selbst von den etwa 270 Urkunden Karls sind rund 100 unecht, vermutet Horst Fuhrmann, der Präsident der Monumenta Historiae Germanica). Aber vielleicht hat Braunfels die Tagebücher Kaiser Karls gefunden.
Was nicht ins gewünschte Bild passt, wird ignoriert oder zurecht gebogen oder gar ins Gegenteil verkehrt. Und schon kann Karl schreiben, und schon laufen die Wasser der Altmühl flussaufwärts. Die Fachleute können sich offenbar nicht einmal darauf einigen, wie lang ein römischer „passus" – Schritt – ist: 0.75 Meter, 1 Meter oder 1.5 Meter.
Es wäre leicht, tausend Seiten eines Buches zu füllen mit lauter Nonsens, Irrtümern und Fehlern, ja Lügen und Scharlatanerien von Wissenschaftlern aller Fakultäten. Manche dieser Fehlleistungen sind nur lächerlich, bei anderen vergeht einem das Lachen. Ich denke an kontrovers diskutierte Themen wie „Klimakatastrophe", „Waldsterben" und „Ozonloch".
Reimar Lüst mahnte als Präsident der Max-Planck-Gesellschaft seine Kollegen: „Ausgangspunkt sollte immer die Pflicht zur absoluten Wahrhaftigkeit und Genauigkeit in der wissenschaftlichen Arbeit sein. Dafür gelten in der Scientific community strenge Regeln. Wer sie nicht beachtet, wird dort schnell nicht mehr ernst genommen. In der Öffentlichkeit ist dies leider oft anders."
Zu solcher Öffentlichkeitsarbeit will diese Studie beitragen. Indem sie auf mancherlei Ungereimtheiten hinweist, die über dieses rätselhafte Menschenwerk, genannt der Graben, kursieren – ohne dass auch nur einer der „Fachleute" es für nötig hielte zu sagen: Nein, so kann es nicht gewesen sein. Schon möglich, dass es auch Argumente gegen die hier geäußerten Überlegungen gibt, dass die Römer eine erste Verbindung von der Donau

zum Main versucht haben. Zumindest ist dies ein neuer Denkansatz, der aus der Sackgasse der bisherigen Erklärungsversuche herausführen kann.

Das Rätsel ist noch immer ungelöst

Seit dem ersten Erscheinen dieser Streitschrift im Jahr 1993 haben sich verschiedene Forscher mit dem Karlsgraben beschäftigt. Es hat auch ernsthafte Untersuchungen gegeben: Das Bayerische Landesamt für Denkmalpflege hat mit fachkundiger Hilfe des Talsperren-Neubauamtes in Nürnberg 15 Bohrungen hauptsächlich im nördlichen Bereich des Karlsgrabens durchgeführt, um den Untergrund zu untersuchen. Mächtige Torfschichten in den Bohrkernen lassen den Schluss zu, dass der Kanal in diesem Bereich etwa vier Meter tief war. Außerdem konnte festgestellt werden, dass der Aushub noch mindestens 500 Meter weiter nach Norden (Richtung Weißenburg) reichte als bisher aus den Luftaufnahmen ersichtlich war. Das ist zwar interessant, beweist freilich nur, was nie bestritten wurde: Dass – vermutlich zu Karls Zeiten – in diesem Areal ein tiefer Graben, ein schmaler Kanal wohl, ausgehoben wurde. Dieses Kanälchen unterscheidet sich jedoch deutlich von dem mächtigen und stabilen Kanaltorso am Südende. Schon von den unterschiedlichen Dimensionen her ist nur der eine Schluss möglich: Die Leute, die diesen Teil so perfekt bauten, dass er heute noch fast vollständig über sechs Meter hoch und bis zu 30 Meter breit in der Landschaft erhalten ist, waren nicht identisch mit den Schlammwuzlern, die durch das moorige Ried einen Wassergraben ziehen wollten, auf dem bestenfalls einen Meter breite Kähne getreidelt oder gestakt werden konnten. Auf diesen unübersehbaren Unterschied gehen die Autoren des Denkmalsamtes in ihrer Analyse der Bodenuntersuchung wohlweislich nicht ein. Aber genau darum geht es in der vorliegenden Studie.

Deshalb noch einmal laut und deutlich: Der südliche, sichtbare Teil dieses Kanalprojektes passt keinesfalls mit dem ins Moor zurückgesunkenen Graben zusammen. Er hatte offensichtlich auch ein anderes Konzept. Wenn es nur darum gegangen wäre, eine ebenerdige Wasserverbindung zwischen den beiden Fluss-Systemen herzustellen, wäre es nicht nötig gewesen, solche aufwendigen hohen Wälle aufzuschütten, auf denen weder Treideln noch Staken möglich gewesen wäre. Und es gilt nach wie vor der Hinweis, dass es offenbar genau auf diese Wallhöhe ankam.

Möglicherweise kam es nicht einmal auf die Tiefe dieses Kanalbettes an. Bisher starrten alle Forscher auf den imaginären tiefsten Punkt der beiden Böschungen, in der Hoffnung, dass er tief genug liegt, um eine Überleitung des Altmühlwassers in die Rezat zu ermöglichen. Dass dies nicht möglich ist, weiß man aber bereits seit 1962. Damals stellte Klaus Schwarz – seinerzeit Leiter der Abteilung Vor- und Frühgeschichte im Landesamt für Denkmalpflege – fest: „Die beim Bau erreichte größte Kanaltiefe liegt damit zwei Meter über dem mittleren Altmühlspiegel südwestlich der Ortschaft Graben und etwa drei bis vier Meter zu hoch, um den für einen Bootsverkehr erforderlichen Wasserrückstau gewinnen zu können."

Ein späterer Kollege, Leiter der Außenstelle Nürnberg des Denkmalsamtes immerhin, hatte die Idee, ein Stauweiher könnte das karolingische Kanälchen mit dem notwendigen Wasser versorgt haben. Mag sein, dass es einen solchen Versuch gegeben hat. Daraus jedoch zu folgern „Der Graben war funktionsfähig" – das geht nun doch zu weit. Damit bewegt sich der Autor (Robert Koch) im Bereich der Spekulation. Es gibt bis heute keinerlei Anhaltspunkte oder gar Beweise für die Richtigkeit einer solchen Behauptung. Im Gegenteil: In der Pollenanalyse des Denkmalsamtes heißt es: „Sollte sich dieses Ergebnis durch weitere Analysen bestätigen, stünde fest, dass man hier den Bau eines Grabens zwar in Angriff genommen, aber nicht vollendet hat."

Damit sind wir wieder bei dem unerfreulichen Kapitel „Wissenschaftliches Arbeiten". Gerade die Geisteswissenschaftler sind ja häufig der Belletristik näher als der Wissenschaft. Auch der Halbgott der Historikerzunft, Theodor Mommsen, ist davon nicht ausgenommen. Er konnte sich zum Beispiel eine Straßenverbindung von Bregenz über Sonthofen nach Innsbruck vorstellen, die er auf den Namen Via Decia taufte. Erst 1999 gelang es, diese Straße ins Reich der Fabel zu verweisen. Auf den Graben bezogen sagte ein Forscher (Josef Röder), das Jahr 793 sei – durch dendrochronologische Untersuchungen belegt – eines der regenreichsten im letzten Viertel des 8. Jahrhunderts gewesen. Ein anderer Fachmann (Konrad Spindler) behauptet hingegen: „Tatsächlich zeigt der Jahresringkalender des letzten Viertels des 8. Jahrhunderts für das Jahr 793 keinerlei auffällige Amplitude, teilweise sogar eher eine etwas rückläufige Tendenz." Auf deutsch: Es war eher trocken damals.

Ein besonderes Ärgernis ist das ungenaue oder gar vorsätzlich falsche Zitieren in wissenschaftlichen Publikationen. Ein sehr eigenwilliger Geisteswissenschaftler (Heribert Illig) hat ein Buch geschrieben, in dem er behauptet, das Mittelalter habe es überhaupt nicht gegeben. Darin zitiert er die vorliegende Studie mit den Worten: „Es erschien auch eine kleine Schrift von Wolf Pecher. Sie griff eine These auf, derzufolge der Grabentorso römerzeitlich war und möglicherweise als Pferdeschwemme gedient hat." Und: „Die Überlegung von Wolf Pecher, dass es sich ursprünglich um eine römische Pferdeschwemme gehandelt hat, wird von Molkenthin genauso zurückgewiesen." Dieser Ralf Molkenthin zitierte mich in seiner Staats- und Magisterarbeit so: „Genau dieser Auffassung schloss sich Wolf D. Pecher an, der versucht, die Thesen Seylers mehr oder weniger überzeugend zu bestätigen." Was ich wirklich geschrieben habe, steht auf Seite 22 dieser Studie. Für seine Doktorarbeit gab sich der Nachwuchswissenschaftler etwas mehr Mühe: Er folgte der Empfehlung, meine Studie zu lesen und kann nun zwischen Seyler und Pecher unterscheiden.

1995 wurden in Norwegen 300 Wissenschaftler anonym befragt. 22 Prozent wussten von schweren Verstößen gegen die wissenschaftliche Ethik. Von weniger schweren Verfehlungen ihrer Fakultäten wussten 60 Prozent. Eine ähnliche Umfrage wurde in Amerika durchgeführt. 43 Prozent der Studenten und 50 Prozent der Fakultätsmitglieder berichteten von kleineren Betrügereien, 6 bzw. 9 Prozent gestanden sogar schwere Betrügereien.

Soviel zum wissenschaftlichen Arbeiten. Wann wird wohl end-

Soviel zum wissenschaftlichen Arbeiten. Wann wird wohl endlich ernsthaft über alle Aspekte des Karlsgrabens nachgedacht? Max Planck meinte einmal: „Wissenschaftliche Wahrheit pflegt sich nicht in der Weise durchzusetzen, dass ihre Gegner überzeugt werden, sondern vielmehr dadurch, dass die Gegner allmählich aussterben."

Der Taschenbuch-Führer „Karlsgraben – Fossa Carolina" des Autoren und Verlegers Walter E. Keller enthält die schriftlichen Quellen, die verschiedenen Theorien, die wissenschaftlichen Erkenntnisse sowie zahlreiche Fotos, Zeichnungen und Karten. Nachdem die zum Jubiläum 1993 erschienenen Titel vergriffen waren, wurde das vorliegende Material überarbeitet und um die neueren wissenschaftlichen Erkenntnisse ergänzt.

Walter E. Keller, Karlsgraben – Fossa Carolina, Format 11,5 x 19,0 cm, 64 Seiten, Paperback, wek-Verlag Treuchtlingen–Berlin, ISBN 978-3-934145-43-6, Euro 5.80

Literatur und Quellen

Baatz, Dietwulf, Der römische Limes, Berlin 2000[4]
Bader, Wolfgang, Die Verbindung von Rhein und Donau, München und Düsseldorf 1982
Beck, Friedrich, Die Fossa Carolina, München 1911
Berchem, Theodor, Zum Geburtstag der Alma Julia eine Lektion, Süddeutsche Zeitung v. 4.1.1982
Birzer, Friedrich, Der Kanalbauversuch Karls des Großen, in: Geologische Blätter für Nordost-Bayern, Band 8, 1958
Braunfels, Wolfgang, Karl der Große – Lebenswerk und Nachleben, Düsseldorf 1965
Broad, William, und N. Wade, Betrug und Täuschung in der Wissenschaft, Basel 1984
Einhard, Vita Karoli Magni, Stuttgart 1968
Filtzinger, Philipp, Limesmuseum Aalen, Stuttgart 1971
Fuhrmann, Horst, Die Macht der Fälschung, Süddeutsche Zeitung v. 7.9.1985
Garbsch, Jochen, Der spätrömische Donau-Iller-Rhein-Limes, Stuttgart 1970
Hofmann, Hanns Hubert, Fossa Carolina, Versuch einer Zusammenschau, in: Beumann, H. (Hrsg.), Karl der Große, Persönlichkeit und Geschichte, Düsseldorf 1965
Hofmann, Hanns Hubert, Kaiser Karls Kanalbau, Sigmaringen 1969
Houben, Roland und Rapp, Ulf R., Fälscher in der Wissenschaft, Aviso 1/2002
Illig, Heribert, Das erfundene Mittelalter, München 2000
Keller, Walter E., Der Karlsgraben, Treuchtlingen 1993 (großformatiger Band und Taschenbuch)
Keller, Walter E., Karlsgraben – Fossa Carolina, Treuchtlingen–Berlin 2006 (Taschenbuch-Führer)
Koch, Robert, Fossa Carolina – 1200 Jahre Karlsgraben, in: Denkmalpflege Informationen Mai, München 1993
Kohn, Alexander, The Journal for Irreproducible Results, Chicago 1982
Lüst, Reimar, Die Regeln der scientific community, Süddeutsche Zeitung v. 30.6.1984
Molkenthin, Ralf, Die Fossa Carolina, in: Technikgeschichte Band 65, Berlin 1998
Molkenthin, Ralf, Straßen aus Wasser, Berlin 2006
Mommsen, Theodor, Römische Geschichte, Wien 1933
Pietsch, Martin, Neues zur Via Decia: Theodor Mommsen widerlegt, in: Denkmalpflege Informationen Juni, München 1999

Rau, Reinhold, Quellen zur karolingischen Reichsgeschichte, Die Reichsannalen. in: Ausgewählte Quellen zur deutschen Geschichte des Mittelalters, Berlin 1956

Röder, Josef, Sed in cassum – für die Katz! Der Kanal (fossatum magnum) Karls des Großen, in: Kölner Römer-Illustrierte, Köln 1975

Spindler, Karl (Hrsg.), Mensch und Natur im mittelalterlichen Europa, Klagenfurt 1998

Seyler, Emanuel, Die Mönchsfabel von der Fossa Carolina, Nürnberg 1907

Schwarz, Klaus, Der „Main-Donau-Kanal" Karls des Großen, in: Schriften zur Bayerischen Landesgeschichte, München 1962

wek-Verlag
Treuchtlingen–Berlin